Belhomme .

RAPPORT

ANALYTIQUE

DU MÉMOIRE DE M. BRACHET,

SUR LA NATURE ET LE SIÉGE

DE L'HYSTÉRIE ET DE L'HYPOCONDRIE,

LU A LA SOCIÉTÉ MÉDICO-PRATIQUE DE PARIS, ET SUIVI DES RÉFLEXIONS
ET DE L'OPINION DU RAPPORTEUR ;

Par J.-E. Belhomme,

DOCTEUR EN MÉDECINE, MEMBRE DE LA SOCIÉTÉ MÉDICO-PRATIQUE, DE LA
COMMISSION DE SALUBRITÉ DU 8ᵉ ARRONDISSEMENT, DIRECTEUR D'UN ÉTA-
BLISSEMENT SPÉCIALEMENT DESTINÉ AUX ALIÉNÉS, etc., etc.

A PARIS,

CHEZ L'AUTEUR, RUE DE CHARONNE, Nᵒ 163.

AOUT 1832.

IMPRIMERIE DE DONDEY-DUPRÉ

Rue St.-Louis, n° 46, au Marais.

AVANT-PROPOS.

Du choc des opinions naît la lumière : convaincu de la vérité de cette assertion, j'ai voulu faire connaître l'analyse du Mémoire de M. Brachet, et la différence de mes opinions avec les siennes. L'auteur a exprimé ce que la conviction lui a dicté, j'ai écrit ce que la mienne m'a inspiré. J'ai dû en présence de mes collègues, qui m'avaient nommé Rapporteur, analyser avec soin l'ouvrage de M. Brachet ; je devais aussi exprimer toute ma pensée sur la valeur des opinions de l'auteur ; et si j'ai ajouté mes réflexions, résultant de mon observation particulière, c'est dans la meilleure intention; je ne voulais pas contredire, ainsi que certains critiques s'en font un malin plaisir, mais exposer une opinion basée sur le raisonnement et l'expérience.

La Société Médico-Pratique a bien accueilli mon Rapport ; je le livre à mes lecteurs, en réclamant leur indulgence.

RAPPORT

ANALYTIQUE

DU MÉMOIRE DE M. BRACHET,

SUR LA NATURE ET LE SIÉGE

DE L'HYSTÉRIE ET DE L'HYPOCONDRIE,

ET SUR L'ANALOGIE ET LA DIFFÉRENCE DE CES DEUX MALADIES.

MESSIEURS,

L'ÉCHEC qu'a reçu M. Brachet auprès de la Société royale de Médecine de Bordeaux, qui n'a pas couronné son Mémoire, est le motif qui l'a engagé à le publier.

Dans le rapport qui fut fait sur son travail, il est dit que l'auteur a mal interprété les faits : M. Brachet a dû prendre la plume pour se disculper d'une pareille accusation; sa préface est une réponse amère à M. le rapporteur de la Société de Bordeaux; ce n'est pas le moment de vous exposer cette polémique, il faudrait connaître le Mémoire de M. Brachet pour juger ses raisonnemens.

Après quelques considérations sur les maladies nerveuses en général, qui jouent un si grand rôle chez la femme, l'auteur entre en matière :

L'hystérie est très-fréquente chez les personnes de ce sexe ; elle est une des affections les plus intéressantes à étudier ; aussi, depuis Hippocrate jusqu'à nos jours, a-t-elle fixé l'attention des observateurs.

Dans le chapitre sur la nature et le siége de l'hystérie, l'auteur parcourt la longue série d'opinions qui ont été émises à ce sujet : Hippocrate croit au déplacement de la matrice, qui voyage au col, à la tête. Willis plaçait l'hystérie dans le cerveau, opinion reproduite par Georget ; Sydenham confondait l'hysterie et l'hypocondrie, qu'il fait dépendre de l'ataxie des esprits animaux. Pinel l'envisage comme une névrose des organes de la génération.

Georget regarde l'hystérie comme le premier degré de l'épilepsie. M. Louyer-Villermay, comme une névrose, une affection spasmodique essentielle de l'utérus.

Les causes de l'hystérie ont varié suivant que les auteurs rapportaient la maladie à l'affection de tel ou tel organe ; l'auteur entrera plus tard dans des détails à ce sujet.

Presque tous les médecins ont peu varié sur les phénomènes de l'hystérie ; seulement ils ont décrit avec plus ou moins de complaisance, telle ou telle forme de maladie.

Le pronostic a toujours été regardé comme peu fâcheux.

C'est surtout dans cette maladie que la thérapeutique a singulièrement varié. — L'empirisme a eu un vaste champ d'application. — M. Brachet distingue par rapport à l'hystérie deux parties essentielles dans la thérapeutique ; l'une empirique ou expérimentale, l'autre dogmatique, qui s'appuie sur des doctrines plus ou moins rationnelles.

Le traitement de l'hystérie a dû varier avec le siége de la maladie ; ainsi les médecins qui plaçaient son siége dans le cerveau, agissaient-ils sur cet organe ; ceux qui ne voyaient qu'une affection nerveuse générale, employaient les antispasmodiques, les tempérans autant physiques, moraux et intellectuels, que pharmaceutiques.

Dans la deuxième section de son travail, M. Brachet examine l'hypocondrie : suivant dans ce chapitre la même marche que pour l'hystérie, il cite l'opinion des différens auteurs sur le siége et la nature de l'hypocondrie.

Hippocrate parle de cette maladie dans plusieurs endroits de ses ouvrages ; il croit à l'atrabile, et en fait dépendre la maladie. Paul d'Égine regarde l'hypocondrie comme le résultat de l'inflammation du voisinage de l'estomac. Sennert fait dépendre l'hypocondrie des mauvaises digestions qui, en donnant un mauvais chyle, causent l'altération du sang dans le foie, la rate, etc. La rate est pour Willis le point de départ de la maladie.

Sauvage range l'hypocondrie dans la classe des vésanies. Après une dissertation sur les facultés de l'ame, il fait dépendre la folie, de ce qu'asservis à nos passions, nous nous laissons entraîner par elles, et que nous ne sommes pas accoutumés à les réprimer et à les modérer, etc. Il place l'hypocondrie à l'ordre cinquième des folies.

Lieutaud place l'hypocondrie au nombre des maladies générales, et semble ne vouloir lui assigner aucun siége déterminé.

Linnée la classe parmi les affections mentales. Pinel classe l'hypocondrie parmi les névroses des fonctions cérébrales. Cependant, dit-il, les faits prouvent que cette maladie est fomentée par les lésions des viscères abdominaux.

L'opinion de M. Villermay mérite notre attention : « Ainsi, dit-il, ce n'est pas dans l'altération des systèmes nerveux lui-même que réside la cause immédiate de cette névrose, c'est dans une affection des propriétés vitales des nerfs de la nutrition ; aussi l'on reconnaît généralement pour siége de l'hypocondrie les viscères abdominaux, spécialement l'estomac, affectés dans leur système nerveux, ou leurs propriétés vitales, et surtout dans leur sensibilité organique. En effet, nous verrons l'affection simultanée et primordiale des organes, tant essentiels qu'accessoires, qui composent l'appareil digestif ; à ce trouble se joint, par sympathie, le désordre consécutif de presque tous les organes de notre économie, et par suite l'exaltation de la sensibilité générale, enfin l'affection symptomatique de nos facultés morales et intellectuelles.

M. Broussais n'est pas parfaitement conséquent avec lui-même : tantôt la maladie est une névrose, tantôt le résultat d'une inflammation viscérale. Georget et M. Falret ont émis les mêmes opinions ; ils ont appelé l'hypocondrie *cérébropathie*.

Les théories médicales ont eu une grande influence

sur l'étiologie de l'hypocondrie. Les auteurs qui se sont occupés de la goutte, tels que Willis, Sydenham, Siole, Barthez, ont accordé une grande influence à l'humeur goutteuse pour la production de l'hypocondrie. Il en est de même de Stal au sujet des hémorrhoïdes, de Pross et Broussais au sujet des phlegmasies chroniques.

Il en est ainsi pour la description des symptômes de l'hypocondrie. Chaque auteur s'est appliqué à recueillir plus spécialement ceux des symptômes qui sont les plus favorables à sa doctrine, et les plus faciles à recevoir les interprétations systématiques.

La thérapeutique de l'hypocondrie a été surchargée d'une quantité immense de formules et de médicamens que les médecins donnaient, suivant qu'ils étaient dominés par certaines idées. Il est inutile de reproduire ce long examen de l'auteur, qui est peu essentiel à rapporter.

Nous arrivons à la partie vraiment intéressante du travail de M. Brachet. Il examine l'analogie et la différence de l'hystérie et de l'hypocondrie. Il avoue que les difficultés sont immenses; qu'il lui sera difficile de les surmonter, à cause de la diversité des opinions émises par des médecins également habiles, qui rattachent à leurs opinions des faits et des raisonnemens satisfaisans. Le moyen de sortir d'embarras consiste à déterminer isolément le siége et la nature de l'hystérie et de l'hypocondrie. Cela fait, la solution que l'on cherche découlera d'elle-même. Il faut donc, 1° rechercher le siége et la nature de l'hystérie ; 2° en faire autant de l'hypocondrie ; 3º comparer ces deux affections pour en déduire leur identité et leur différence.

De toutes les opinions que l'auteur combat avec plus ou moins de raison, celle qui a rapport au siége de l'hystérie dans la matrice lui paraît la plus difficile à réfuter. Il pense que la raison la plus péremptoire que l'hystérie ne dépend pas toujours de l'utérus, c'est qu'on observe l'hystérie chez l'homme. Il passe en revue les observations qui ont été faites à ce sujet.

L'auteur examine les phénomènes nerveux dépendant des nerfs de la vie animale et organique, et s'exprime ainsi, page 118 (1).

« Pour bien apprécier, dit M. Brachet, le tissu ou le système qui est le siége de l'hystérie, il faut chercher de quelle manière les altérations organiques ainsi signalées ont pu agir dans la production de cette maladie. Rappellons-nous que chaque organe, indépendamment de son tissu propre, est composé des tissus généraux suivans : nerfs, vaisseaux sanguins et lymphatiques, et tissu cellulaire. Puisque aucun organe pris isolément ne peut être le siége de l'hystérie, ce doit être nécessairement l'un de ces tissus. Ils sont tous également répandus dans l'économie, et ils concourent ensemble à la structure des organes. Tous peuvent être lésés ; lequel peut l'être de manière à produire les phénomènes hystériques ? »

----

(1) Nous reconnaissons avec Bichat deux ordres de phénomènes vitaux : les uns sont organiques ou nutritifs ; les autres sont animaux ou de relation. Tous les actes qui s'opèrent dans l'économie, se rapportent en dernière analyse à l'un de ces deux ordres, etc., etc.

Les nerfs paraissent à l'auteur les seules voies de transmission, ou plutôt de réaction des parties malades sur l'économie pour produire l'hystérie ; il entre dans l'examen le plus scrupuleux pour prouver ce qu'il avance : ainsi, quel que soit l'organe malade, matrice, foie, rate, estomac, les nerfs qui s'y distribuent reçoivent une modification morbide qui est réfléchie sur les autres organes , etc.

M. Brachet rapporte quatre observations d'hystérie qu'il interprète suivant sa manière de raisonner. La maladie, ajoute-t-il, ne peut dépendre que de la modification normale du système nerveux, d'autant mieux que seul entre les systèmes, ou tissus généraux, il est apte à recevoir l'impression des affections pathologiques, etc.

L'auteur cherche à préciser lequel des deux systèmes nerveux est le siége de la maladie ; est-ce le cérébral ou le ganglionnaire ? L'anatomie pathologique est nulle ; il faut donc analyser les fonctions lésées. Tous les phénomènes de l'hystérie sont des actes dépendant de l'influence du système nerveux cérébral ; c'est donc dans ce système que la maladie a son siége.

Quant à la nature de l'affection hystérique, l'auteur voit les difficultés et ne les surmonte pas ; il dit qu'elle dépend d'une excitation, *sui generis,* du système nerveux. Il n'a pas cru devoir rechercher quels nerfs étaient plus spécialement affectés, parce que tous le paraissent également.

M. Brachet , trouvant que le mot *hystérie* signifie *maladie de l'utérus,* lui donne une autre dénomination : *névrospasmie cérébrale.*

L'auteur examine ensuite la nature et le siége de l'hypocondrie ; il rapporte les opinions différentes des médecins de tous les siècles. Pour fixer, dit-il, notre choix dans ce labyrinthe d'opinions, nous suivrons la même marche que pour l'hystérie. Comme les principes de physiologie sur lesquels la doctrine de l'hypocondrie peut s'appuyer sont les mêmes, nous examinerons seulement, 1° les altérations pathologiques qui ont été trouvées après la mort ; 2° la nature en action, ou les faits et l'analyse des phénomènes ou actes morbides. Les faits d'anatomie pathologique ne manquent pas ; ils ont démontré de nombreuses altérations dans les organes.

Les médecins anciens ont trouvé de nombreuses affections des organes abdominaux.

M. Villermay a presque toujours trouvé du désordre dans les organes de la digestion. M. Broussais n'a jamais trouvé que l'inflammation de l'estomac. Le foie, la rate ont été trouvés plus ou moins altérés dans leurs tissus, plus ou moins gonflés, ou bien diminués de volume ; la rate est devenue quelquefois dure et comme pétrifiée. Peut-on, ajoute M. Brachet, établir le siége de l'hypocondrie d'après ces faits ? Rien n'est plus impossible. En effet, l'un en a placé le siége dans le foie, un autre dans l'estomac, un troisième dans la rate, etc. M. Brachet le place dans le système nerveux.

L'auteur rapporte deux observations d'hypocondrie, et il explique les phénomènes morbides d'après sa manière d'envisager la maladie ; les organes abdominaux sont surtout affectés, et les nerfs sont le siége de l'hypocondrie. D'ailleurs, dit M. Brachet, l'analyse des opinions et des recherches des auteurs, d'accord avec l'observation de la nature, nous permet, 1° de regarder l'hypocondrie comme n'ayant son siége dans aucun des organes principaux de l'économie, cerveau, foie, estomac, rate, etc., au moins à son début et pendant longtems; 2° d'en placer le siége dans les nerfs, puisque tous les actes morbides s'opèrent sous leur dépendance; 3° de regarder les deux systèmes nerveux comme spécialement affectés; 4° de voir, dans la manière dont ils sont affectés, moins une irritation qu'un désordre, une viciation, une aberration de fonction. M. Brachet blâme les dénominations d'*hypocondrie* des Anciens, et de *cérébropathie* de Georget; il propose le nom de *névrataxie cérébro-ganglionnaire.*

L'auteur, dans ses conclusions, dit que si l'on cherche la solution de la question dans les auteurs, on n'y arrivera pas, parce qu'ils sont tous en contradiction manifeste. Sydenham a confondu l'hystérie et l'hypocondrie. Selle, Lorry et d'autres se contentèrent d'établir un rapprochement entre les deux maladies, sans les confondre en une seule. M. Brachet excuse Sydenham dans son erreur, parce que l'affection hypocondriaque, le spleen, qui est si fréquent en Angleterre, attaque aussi bien les femmes que les hommes, et l'hystérie n'y est jamais, ou presque jamais à son état de simplicité; toujours elle s'accompagne de phénomènes d'hypocondrie. Il reconnaît aussi que, du temps de Sydenham, on ne connaissait pas cette importante distinction des deux systèmes nerveux, si bien établie aujourd'hui. Privé de ces connaissances préliminaires, on ne connaissait pas l'organisme, ni les fonctions spéciales du système nerveux ; on ne connaissait pas l'homme. L'auteur, qui le connaît mieux, conclut : 1° que l'hystérie est une affection spasmodique du système nerveux cérébral, et lui donne le nom de *nevrospasmie cérébrale* ; 2° que l'hypocondrie est un désordre, une viciation, une aberration des fonctions des deux systèmes nerveux ; de là la dénomination de *névrataxie cérébro-ganglionnaire*.

RÉFLEXIONS

ET OPINION DU RAPPORTEUR.

Je me permettrai d'ajouter quelques réflexions à celles de l'auteur, et même de donner mon opinion sur les deux affections dont il traite.

Doit-on regarder l'affection hystérique comme entièrement étrangère à la matrice? Doit-on ne voir qu'un état convulsif du système nerveux de la vie animale? Examinons successivement ces deux points de discussion.

Quels sont les sujets qui sont ordinairement affectés d'hystérie? Ouvrons nos auteurs, et voyons que chez les femmes, une constitution nerveuse, l'âge de douze à trente ans, etc., disposent à l'hystérie. Cette affection est, pour ainsi dire, réservée à la femme, et si l'on cite quelques hommes hystériques, les cas sont rares; et ne pourrait-on pas dire, avec juste raison, que la maladie était hystériforme, et non pas hystérique? Ainsi, rien ne prouve que l'utérus ne contribue pas d'une manière active à la production de l'hystérie.

Le système nerveux de la vie animale est-il seul affecté? Il me semble que M. Brachet a tranché la question d'une manière bien décisive; il rapporte tous les phénomènes aux nerfs cérébraux, parce qu'il a voulu donner un siége à l'hystérie, qui peut-être n'en a pas de précis. Dans l'ébranlement qui survient en cas d'hystérie, peut-on tellement reconnaître les phénomènes, que l'on puisse dire : celui-ci appartient aux nerfs de la vie animale seulement. Bichat, il est vrai, a assigné des fonctions différentes aux nerfs dans l'état normal; mais, dans les maladies, ceux-ci ne peuvent-ils pas changer d'action et produire des phénomènes nouveaux? Le gonflement du ventre, du col, les douleurs horribles du cœur, les tortillemens de la région de l'estomac, et d'autres phénomènes abdominaux qui arrivent chez les hystériques, ne peuvent-ils pas dépendre aussi bien des nerfs de la vie organique que des nerfs cérébraux? Les plexus pharyngiens, cardiaques, solaires, mésentériques ne sont-ils pas formés d'un mélange inextricable, qui tient sous sa dépendance certains phénomènes qui concourt aux mêmes fonctions, et qui, dans l'état de maladie, concourt aussi aux phénomènes morbides? Peut-on physiologiquement limiter les fonctions des nerfs, lorsque l'anatomie ne nous permet pas de les séparer? Aussi ne suis-je pas de l'avis de notre auteur sur les deux points de discussion qu'il a élevés. Je crois que l'utérus est très-souvent le point de départ de l'hystérie ; que les nerfs de la vie organique jouent un rôle peut-être fort grand dans cette maladie ; que les nerfs cérébraux sont toujours plus ou moins affectés, et produisent les phénomènes convulsifs externes ; que le cerveau lui-même participe à cet état d'irritation générale, et tellement prononcé, que les hystériques ne perdent pas connaissance dans leurs crises, et même racontent souvent, après l'accès, ce qui s'est passé autour d'eux.

Cette grande influence du cerveau ne nous fera pas croire davantage que l'hystérie a son siége dans le cerveau, comme l'écrit Georget ; son siége est dans le système nerveux en général, après que celui-ci a reçu une impulsion organique. Aussi est-il possible que la première impulsion nerveuse vienne aussi bien de l'estomac, du foie, que de la matrice ; mais, lorsque les nerfs qui partent de ces organes auront été affectés d'une certaine manière chez un individu prédisposé, les phénomènes hystériques se déclareront, et suivront la marche connue.

Voici un exemple de l'influence organique. Mme R***, d'un tempérament lymphatique nerveux, au retour de l'âge, a une hypertrophie et une descente de matrice ; celle-ci comprimait la vessie, et déterminait une rétention d'urine ; lorsque les douleurs locales devenaient très-vives, cette dame avait une attaque d'hystérie, le sentiment d'une boule, convulsions, etc. Cet exemple n'est-il pas une preuve de l'influence organique de la vessie et de la matrice sur les nerfs ambians , qui produit successivement tous les phénomènes de l'hystérie ? Hé bien ! il est probable qu'il en arrive toujours ainsi dans les accès de cette maladie. Le point de départ n'est pas toujours fixe, quoiqu'on ait des raisons de croire à l'influence spéciale de la matrice , et la réaction se fait sur tout le système nerveux de la vie animale et organique ; c'est ce qui constitue l'hystérie.

La dénomination d'hystérie est-elle satifaisante ? doit-on la changer ? Il me semble qu'il y a encore trop de vague dans les esprits sur le siége et la nature de l'affection qui nous occupe , pour rien changer ; cependant l'expression de *névrospasmie,* sans y ajouter celle de *cérébrale ,* est peut-être la meilleure ; elle désignerait le spasme des nerfs en général, et ne ferait pas croire que les nerfs cérébraux seulement sont le siége de la maladie.

M. Brachet a aussi commis des erreurs relativement à l'hypocondrie ; il rapporte tout aux nerfs et fort peu au cerveau.

L'hypocondrie est, ainsi que l'hystérie , une maladie trop bizarre dans ses phénomènes , pour pouvoir lui assigner un siége précis, et dans l'état actuel de la science, peut-être conviendrait-il de la considérer comme le résultat de l'action morbide sympathique des organes abdominaux sur le cerveau ; en effet, comment peut-on dire qu'il y ait hypocondrie chez un individu, si ce n'est lorsque ses paroles et ses actions bizarres le démontrent. Il faut donc toujours une participation du cerveau pour dire qu'il y a hypocondrie. Je ne dirai pas non plus avec

Georget et M. Falret que le cerveau est le siége de l'hypocondrie, parce qu'il y a toujours des phénomènes de maladies dans les organes abdominaux, qui précèdent le délire du cervau ; mais je conserverai un juste milieu entre ces opinions, pour dire que l'hypocondrie est caractérisée par une aberration des facultés intellectuelles, par suite du dérangement des fonctions d'un ou de plusieurs organes abdominaux ; je regarderai l'hypocondrie comme un premier degré de monomanie dans la pluralité des cas, et comme une monomanie confirmée et sympathique des organes abdominaux, lorsque le moral du malade sera tout-à-fait perverti.

M. Brachet place le siége de l'hypocondrie dans les deux systèmes nerveux. Il est certain que l'on ne peut rien expliquer sans les nerfs ; mais il me semble que l'on pourrait tout aussi bien dire que la maladie est dans le parenchyme du foie, par exemple, et que les nerfs, comme les autres tissus, reçoivent une influence. Il n'y a que lorsque cette influence est devenue très-forte, que la communication nerveuse avec le cerveau, devenant plus répétée, plus fatigante pour lui, si j'ose m'exprimer ainsi, celui-ci délire, il y a hypocondrie ; jusque-là il n'y avait qu'une hépatite chronique, qu'une gastrite chronique, si c'est l'estomac qui est le point de départ. Je regarde donc comme une erreur de placer le siége de l'hypocondrie dans les nerfs ; elle ne peut avoir de siége bien positif : je pencherais plutôt pour le lui donner dans le cerveau, par les raisons que je viens d'exprimer : qu'il n'y a point de véritable hypocondrie sans participation bien déterminée du cerveau.

(19)

Il y a certainement de l'analogie entre l'hystérie et l'hypocondrie. Cependant quelle différence dans les phénomènes ! La première est une maladie du jeune âge ; la seconde est une maladie de l'âge mûr et de la vieillesse. Celle-ci se déclare sans altération organique ; celle-là s'accompagne ordinairement d'une altération organique plus ou moins prononcée. Tous les phénomènes de la première se concentrent dans les nerfs ; les phénomènes de la seconde se déclarent dans les organes principaux, qui réagissent sur le cerveau par les communications nerveuses. L'une est ordinairement peu dangereuse, l'autre laisse souvent des traces profondes ; la première amène rarement la folie ; la seconde y conduit directement.

Je rapporterai les faits suivans, qui pourront appuyer mes raisonnemens.

M. D..... d'un tempérament nerveux, a toujours vécu dans les conditions les plus favorables à entretenir une bonne santé. Vers l'âge de cinquante-cinq ans, ses digestions devinrent pénibles, les selles difficiles ; une douleur dans la région du foie se manifesta, et l'on pouvait distinguer un empâtement dans l'hypocondre droit. Le malade, d'abord peu inquiet de son état, s'en alarma bientôt, enfin devint hypocondriaque. M. D..... d'un esprit supérieur, très-agréable et très-spirituel dans ses conversations, devint fort ennuyeux ; il ne parlait que des maux qu'il ressentait, et de tous les inconvéniens de ses digestions plus ou moins laborieuses ; et son bonheur était grand lorsqu'il avait pu rencontrer quelqu'un qui voulût bien l'écouter long-tems et avec patience. M. D.....

resta plusieurs mois dans cette situation ; mais bientôt les causes de ses maux cessèrent, et il finit par reconnaître qu'il les avait exagérés. Cet exemple suffit pour prouver, 1° que le bas-ventre a d'abord souffert, et qu'il n'y avait alors qu'une irritation assez forte des organes digestifs ; 2° que l'hypocondrie ne s'est déclarée que lorsque les organes ont réagi avec assez de force sur le cerveau pour altérer les fonctions de l'entendement.

Voici un autre fait qui prouve que, de l'hypocondrie à la folie confirmée, il n'y a qu'un pas.

M. A..... d'un tempérament nerveux, âgé de cinquante ans, ayant toujours eu un caractère bizarre, éprouvait depuis plusieurs années des accès d'hypocondrie, pendant lesquels il exagérait ses souffrances, ne voulait plus se lever, ni manger, etc. A la suite d'un accès plus fort qu'à l'ordinaire, ayant reçu une contrariété assez vive de la part d'un boulanger, il sortit de chez lui armé d'un pistolet, et il l'aurait infailliblement tué, si celui-ci ne s'était empressé de lui donner ce qu'il demandait. Une autre fois. il va demander un papier à la mairie de la ville qu'il habitait, et ne se trouvant pas assez tôt servi, il tira une épée d'une canne qu'il portait, et en menaça le commis de la mairie. M. A..... fut saisi et conduit dans une prison ; là il devint furieux, et il n'était plus permis de douter de son état d'aliénation mentale. Conduit dans ma maison de santé, il était alors dans la situation suivante. Très-amaigri, son visage avait quelque chose de farouche, sa parole était brève, et ses membres étaient disposés à la convulsion. Pendant un mois sa fureur se porta sur tout ce qui l'environnait ; un grillage qui était fixé à des barreaux de fer fut bientôt mis en pièces. Sorti de cette fureur, M. A..... retomba dans une hypocondrie profonde ; il ne voulait plus se le-.ver ; il se plaignait d'une grande faiblesse, que la lumière du jour lui faisait mal ; les alimens se digéraient difficilement ; il était impossible de le faire sortir de sa chambre. Cette situation a duré plusieurs mois ; enfin, à l'époque du printems, l'appétit revint, la soif diminua, les idées sombres du malade s'affaiblirent, et il est maintenant dans un état assez satisfaisant. Cette observation prouve que l'hypocondrie peut devenir aliénation mentale : ce qui me fait présumer que l'hypocondrie, dans la pluralité des cas, est bien près de la folie, si l'on ne doit pas dire que l'hypocondrie est un premier degré de monomanie.

Je blâmerai la dénomination nouvelle de notre auteur, névrataxie, cérébro-ganglionnaire : névrataxie veut dire ataxie des nerfs. Il y a bien ataxie dans les phénomènes de l'hypocondrie ; mais les attribuer seulement aux nerfs, dans l'état actuel de la science, c'est vouloir trop trancher. Je crois que nous ne pouvons pas assigner un siége précis à cette affection, et qu'il faut nous borner aux dénominations qui expriment le mieux ses phénomènes. J'aimerais mieux désigner l'hypocondrie par les mots monomanie-hypocondriaque, c'est-à-dire monomanie dépendant des hypocondres.

Je me résume en peu de mots, et dans les propositions suivantes :

1° L'hystérie est une affection ataxique qui paraît dépendre surtout de l'état maladif des nerfs ; on peut donc soupçonner son siége dans les nerfs de la vie animale et organique.

2° L'hypocondrie paraîtrait dépendre de l'influence des organes abdominaux malades sur le cerveau, et pourrait être regardée comme un degré de monomanie symptomatique ; son siége est trop incertain pour être désigné dans l'état actuel de la science.

Quel que soit le blâme que je déverse sur le Mémoire de M. Brachet, je ne puis m'empêcher de lui rendre une parfaite justice pour la manière dont est composé son ouvrage ; ordre, clarté, érudition, étendue de vues nouvelles ; en un mot, c'est l'œuvre d'un homme distingué dans son art.

La Société de Médecine de Bordeaux a voté une mention honorable à M. Brachet ; la Société Médico-Pratique lui en doit une aussi. Le Rapporteur de la Société Médicale Bordelaise a dit que M. Brachet avait mal interprété les faits relatifs à l'hystérie et à l'hypocondrie. Le Rapporteur de la Société Médicale de Paris dira que l'auteur a interprété les faits qu'il rapporte, suivant sa conviction ; les opinions sont libres, et M. Brachet a usé de son droit.

Je vote des remercîmens à l'auteur, et une mention fort honorable.

FIN.

OUVRAGES DU MÊME AUTEUR.

1823. *Essai sur la Couenne inflammutoire du sang.* Dans ce
Mémoire se trouve la découverte de l'odeur pla-
centaire du sang chez les femmes enceintes.

1824. *Essai sur l'Ipiotie ;* thèse soutenue à la Faculté de
Médecine de Paris.

1829. *Examen des Facultés Intellectuelles à l'état normal et
anormal, pour servir d'explication aux Phénomènes
de l'aliénation mentale ;* Mémoire lu à la Société
Médico–Pratique.

1832. *Considérations sur l'influence des événemens politiques
sur le développement de l'aliénation mentale ;* Mémoire lu à la Société Médico–Pratique, et inséré
dans ses bulletins.